SLIME DIY

DE KARINA GARCIA

BuzzPop

¡HEY, GIRL, HEY!
ESTE LIBRO ES PARA TODOS MIS FANS, QUE ME HAN ACOMPAÑADO EN ESTE INCREÍBLE VIAJE.
–K.G.

BuzzPop

Un sello editorial de Bonnier Publishing USA
251 Park Avenue South, New York, NY 10010
Copyright © 2018 por Karina Garcia
Título Original: Karina Garcia's DIY SLIME
Texto: Wendy Wax
Traducción: Laura Collado Píriz
Impreso en los Estados Unidos de América   VEP 0717
Primera Edición Español, agosto 2018
10 9 8 7 6 5 4 3 2 1
Los datos de la Library of Congress Cataloging-in-Publication están disponibles previa solicitud.
ISBN 978-1-4998-0858-2
buzzpopbooks.com
bonnierpublishingusa.com

SLIME DIY

DE KARINA GARCIA

slime

sustantivo | \ˈslim \

1. Tierra o arcilla húmeda y suave, especialmente lodo viscoso.

2. Una sustancia viscosa, pegajosa o gelatinosa, como

   a: un moco o secreción mucosa de varios animales (como babosas y peces gato)

   b: un producto triturado húmedo que consiste en minerales del suelo tan finos
   que pueden pasar por una malla 200.

Per *Merriam-Webster's Collegiate® Dictionary, Eleventh Edition*

INGREDIENTES PRINCIPALES DEL SLIME BÁSICO

- Pegamento de PVA (acetato de polivinilo)
- Bicarbonato de sodio*
- Solución para lentes de contacto*

*La mayoría de recetas de slime contienen bórax, pero debido a las preocupaciones de los consumidores Karina lo reemplaza por bicarbonato de sodio y solución para lentes de contacto.

ÍNDICE

¡Los nuevos slimes de Karina!

INTRODUCCIÓN

Cuando empecé a hacer vídeos en febrero de 2015, nunca pensé que me convertiría en *youtuber*. Mi hermana gemela, Mayra, tenía un canal de YouTube, y todo el mundo me decía que yo también debería tener uno.

"Tienes carisma", me decían mis amigos. "¡Serías ESPECTACULAR!" Tal vez lo fuera, pero por entonces también estaba nerviosa... demasiado nerviosa para grabarme.

Más tarde me di cuenta que había estado haciendo DIYs (proyectos para "hacer tú mismo") antes de que supiera lo que eran. Más o menos un año antes de empezar a hacer videos, fabricaba organizadores de maquillaje, pero no tenía el valor de grabarlo mientras los hacía.

Al final me emocioné tanto por unos labiales que hice desde cero que me animé.

El 9 de febrero de 2015, el día después de mi cumpleaños de 21, me grabé a mí misma haciendo labiales. Dos días después, el 11 de febrero de 2015, subí el vídeo a YouTube. Recibí muchos comentarios positivos que me inspiraron para seguir. No sabía lo fácil que sería hacer videos de tutoriales.

No tardé en empezar a pensar en slime. En aquel momento, había pocas recetas de slime en YouTube y todas eran iguales. Entonces fue cuando empecé a imaginar formas de hacer algo nuevo y diferente con slime... slime de diferentes colores, texturas e ingredientes para las recetas. Siempre me gustó la ciencia, ¡estaba ansiosa por experimentar con ella! Hoy en día, el 90% de los videos de mi canal de Youtube son sobre slime.

¡Hice tantos videos de slime que perdí la cuenta! La mayoría de la gente asume que mi casa está llena de diferentes tipos de slime, pero lo chistoso es que no conservo ninguno. Grabo los videos en mi dormitorio con mis hermanos pequeños mirando. Después lo meten en envases de comida y se los llevan a la escuela para regalárselos a sus amigos o se los quedan. Mi hermana pequeña tiene una gran colección que sigue aumentando.

Mis videos favoritos para hacer son los de slime porque son rápidos y satisfactorios. También creo que fabricar slime alivia tensiones porque me calma y me ayuda a relajarme.

Cuando empecé a hacer videos, algunos me juzgaron porque jugaba con slime con más de 20 años. Yo no pensé que tuviera nada de malo porque hacía lo que amaba. Y ahora el slime es un gran éxito. Es la idea más solicitada para los vídeos de YouTube. ¡Me han revelado muchas veces que a las personas les gusta mirar mis vídeos uno tras de otro! Me siento afortunada y agradecida por hacer lo que hago y me alegro de que otros hayan empezado a entender por qué amo tanto el slime.

Esto es lo que aprendí de esta increíble experiencia: si algo te apasiona, ¡hazlo! ¡No tienes absolutamente nada que perder y no importa lo que piensen los demás! Nunca te desanimes porque los demás te pongan límites o impidan que hagas lo que amas.

Te propongo algo: empieza tu propio canal de YouTube. Si te pones nervioso o te desanimas, ¡razón de más para hacerlo! Cada vez que miro los comentarios negativos que recibo, me río y continúo con lo que estoy haciendo.

Tienes que saber que cualquier persona exitosa tuvo miedo en algún momento. Si TÚ no persigues tus sueños y los haces realidad, nadie más lo hará. Tienes mucho potencial, ¡así que encuéntralo y úsalo! ¡Sal allá fuera y vive tu sueño!

SLIME BÁSICO

Aunque invento nuevos tipos de slime constantemente, nunca olvidaré el viejo slime básico con el que empecé. Cada vez que hago Slime básico siempre me acuerdo de la vida alegre, creativa y llena de slime que he conseguido gracias a esta receta.

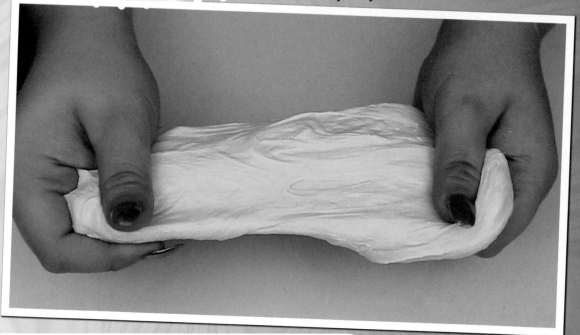

LO QUE NECESITAS

- 4 oz. de pegamento de PVA o pegamento blanco escolar

- Colorante alimentario: opcional

- ½ cdta. de bicarbonato de sodio mezclado con 3-4 cdas. de solución para lentes de contacto

- Un recipiente pequeño o mediano para mezclar

- Utensilio para mezclar (cuchara, espátula de silicona o palitos de madera)

ASÍ SE HACE

1 Echa 4 oz. de pegamento blanco escolar en el recipiente para mezclar.

2 Si quieres darle color, ¡esta es tu oportunidad! Añade 3 gotas de colorante alimentario al pegamento blanco escolar y mézclalo con el utensilio.

3 Añade poco a poco el bicarbonato de sodio y la solución para lentes de contactos a la mezcla y no lo uses todo. (Si lo echas todo de una vez arruinarás la remesa entera y tendrás que volver a empezar.)

④

Cuando la masa empiece a ser uniforme deja el utensilio a un lado y empieza amasar con tus manos. Estará un poco pegajoso.

⑤

Añade el resto del bicarbonato de sodio y la solución para lentes de contacto poco a poco mientras sigues amasándolo con tus manos. Sabrás que está listo cuando esté suave y elástico pero no se pegue a tus manos.

¡BÁSICO PERO ÚTIL!

El Slime básico puede ser sencillo, pero es útil para quitar el polvo de zonas difíciles de limpiar como el teclado. ¡El Slime básico hace que limpiar sea divertido por su textura espesa, pringosa y que no se pega! Solo pensar en los trocitos de slime pegados a mi ropa me daba escalofríos ¡hasta que descubrí que el Slime básico limpia las pelusas sin problema! Ahora, cada vez que veo una pelusa en mi ropa, agarro un trocito pequeño de Slime básico, toco suavemente la pelusa con él y... *¡voilà!* Desaparece. Tú también puedes hacerlo, pero no dejes que el slime se quede en tu ropa mucho tiempo o se aferrará a tu ropa y se volverá un desastre pegajoso. Sé rápido y todo irá bien.

SLIME FLUBBER DE JABÓN

¡No es un jabón *cualquiera*! Es un jabón blandito, entre pastoso y viscoso. Lo hice por accidente cuando intentaba fabricar un jabón como de plastilina.

LO QUE NECESITAS

- ¾ taza y 2 cdas. de maicena

- ½ taza de champú con buen perfume

- 1 cdta. de aceite para cocinar o aceite para bebé

- Colorante alimentario: opcional

- Un recipiente pequeño o mediano para mezclar

- Utensilio para mezclar (cuchara, espátula de silicona o palitos de madera)

1 Usando el utensilio, mezcla ½ taza de champú con ¾ taza de maicena en el recipiente. Pronto empezará a verse y sentirse como una pasta consistente.

2 Mientras sigues mezclando, añade 1 cdta. de aceite a la masa, lo que hará que la textura sea más pegajosa.

3 Añade lentamente 2 cdas. de maicena con una mano mientras amasas con la otra.

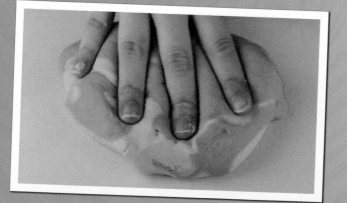

4 Opcional: si quieres darle color al flubber de jabón, ¡añade colorante alimentario! El pigmento del champú ya le habrá dado un poco de color al slime, pero puedes cambiarlo con colorante alimentario.

¡ÚSALO Y GUÁRDALO!

¡Ahora toca lavarse las manos! Agarra una pizquita de Slime flubber de jabón, no necesitas más, y empieza a usarlo con un poco de agua. Aunque es tan espumoso como cualquier jabón líquido, no recomiendo usarlo todos los días porque la maicena puede resecar las manos si lo usas muy de seguido. Me gusta guardar mi Slime flubber de jabón en un recipiente cerrado y hermético al lado del lavabo. Es muy divertido jugar con él, huele muy rico y dura mucho si se conserva bien. Para mí, el Slime flubber de jabón se siente como una goma suave que se derrite y no se pega.

SLIME CRISTALINO

Este es uno de mis slimes favoritos para hacer, ¡sobre todo porque se ve como cristal líquido!

LO QUE NECESITAS

- 3 ½ oz. pegamento de PVA transparente

- 2 oz. de agua

- ½ cdta. de bicarbonato de sodio

- 4-5 cdtas. de solución para lentes de contacto

- Un recipiente pequeño o mediano para mezclar

- Utensilio para mezclar (cuchara, espátula de silicona o palitos de madera)

ASÍ SE HACE

1 Echa 3 ½ oz. de pegamento transparente en el recipiente para mezclar.

2 Añade 2 oz. de agua y mézclalo con el utensilio. (El agua apresura el proceso de hacerlo transparente.)

3 Añade ½ cdta. de bicarbonato de sodio y mézclalo.

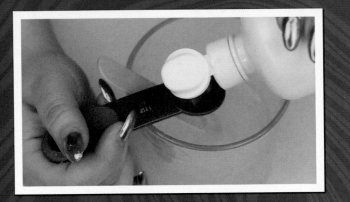

4 Añade 4-5 cdtas. de solución para lentes de contacto, pero una por una, y mézclalo hasta que consigas un slime que no se pegue. (Tendrás que amasarlo con las manos una vez que el slime empiece a compactarse.)

5 Deja reposar la mezcla durante 24 horas para que las burbujas salgan a la superficie.

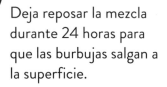

6 Para hacer un slime ULTRA transparente, ¡quita las burbujas de la superficie arrancando la capa superior!

LO QUE AMO DE ESTE SLIME

Lo que más me gusta del Slime cristalino es que es transparente, ¡y parece agua! También es divertido jugar con él. ¡Enséñale a tus amigos cómo puedes sujetar "agua" (o slime) boca abajo!

SLIME DE GLOBO

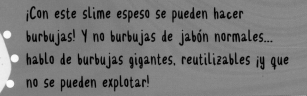

¡Con este slime espeso se pueden hacer burbujas! Y no burbujas de jabón normales... hablo de burbujas gigantes, reutilizables ¡y que no se pueden explotar!

LO QUE NECESITAS

- 4 oz. de pegamento de PVA o pegamento blanco escolar

- Colorante alimentario: opcional

- 1 cdta. de bicarbonato de sodio mezclado con 5 cdas. de solución para lentes de contacto

- 1 pajilla o popote

- Un recipiente pequeño o mediano para mezclar

- Utensilio para mezclar (cuchara, espátula de silicona o palitos de madera)

ASÍ SE HACE

1 Echa 4 oz. de pegamento blanco escolar en el recipiente para mezclar.

2 Si quieres que las burbujas del slime sean de colores, añade 3 gotas de colorante al pegamento y mézclalo.

3 Añade lentamente bicarbonato de sodio y la solución para lentes de contacto. (En esta receta se usa más que en las demás porque se necesita para crear un slime más espeso que se separe en vez de uno más líquido que no se separe.)

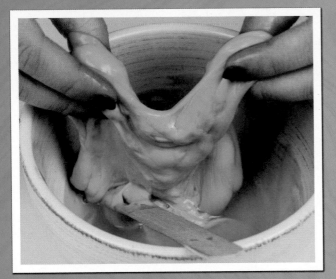

4 Cuando el slime empiece a compactarse, amásalo con las manos. Mientras lo amasas, añade el bicarbonato y la solución para lentes de contacto restantes.

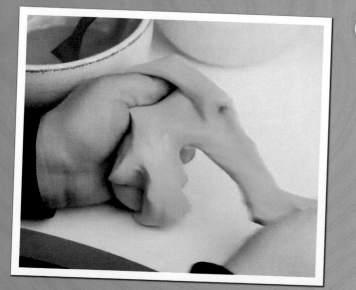

5 Cuando el slime se vuelva espeso, ¡pruébalo! Pártelo y mira si está listo. Si no se parte fácilmente, añade más bicarbonato de sodio y solución para lentes de contacto mientras sigues amasando, ¡pero lentamente! Sabrás que está listo cuando la textura sea espesa, elástica y fácil de romper.

¡CUANDO HACES *POP*, YA NO HAY *STOP*!

¡Sopla con la pajilla o popote en la mezcla! Cuanto más slime uses, más grandes serán las burbujas... ¡incluso más grandes que tu cabeza! Si prefieres burbujas pequeñas, separa un trozo pequeño de slime y sopla. La clave para tener variedad de burbujas es cambiar la cantidad de slime.

Ya sea en primavera, verano, otoño o invierno... ¡el Slime de globo está padrísimo para jugar! Sobre todo, con tus amigos.

¿Es posible que se congelen las burbujas en invierno?

¡PRUEBA Y VERÁS!

SLIME DE ORBEEZ

Combina dos de las cosas más blanditas del mundo para hacer uno de mis inventos favoritos: Slime de Orbeez.

LO QUE NECESITAS

- ½ cdta. de bolitas de gel Orbeez o canicas de agua*

- 1 taza y 2 oz. de agua

- 3 ½ oz. pegamento de PVA transparente

- ½ cdta. de bicarbonato de sodio

- 4-5 cdtas. de solución para lentes de contacto

- Un recipiente pequeño o mediano para mezclar

- Utensilio para mezclar (cuchara, espátula de silicona o palitos de madera)

* Son pequeñas perlas de polímero que absorben el agua y se vuelven bolitas de gel blanditas. Se venden en internet y en tiendas de manualidades.

ASÍ SE HACE

1 Pon en remojo ½ cdta. de bolitas de gel en 1 taza de agua durante 30 minutos.

2 Echa 3 ½ oz. de pegamento transparente en el recipiente para mezclar.

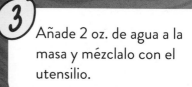

3 Añade 2 oz. de agua a la masa y mézclalo con el utensilio.

4 Añade ½ cdta. de bicarbonato de sodio y sigue mezclando.

5 Añade 4-5 cdtas. de solución para lentes de contacto, pero una por una, y mézclalo hasta que sea una masa amorfa compacta.

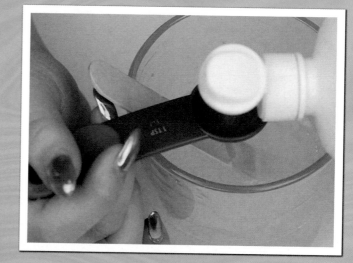

6 Amasa el slime con las manos hasta que deje de estar pegajoso.

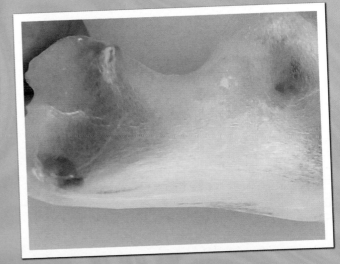

7

Cuando ya no se te pegue a las manos, añade las bolitas de gel y amásalo.

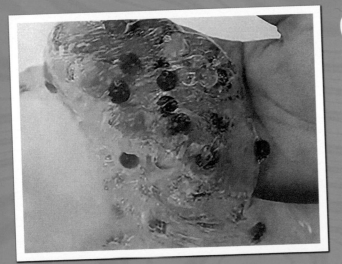

8

Guarda el slime en un recipiente cerrado y déjalo reposar durante 24 horas. Al día siguiente tendrás un Slime de Orbeez supertransparente.

¡UNA OBRA DE ARTE!

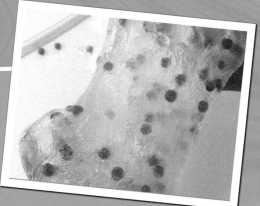

¡Me encanta la combinación de slime transparente y bolitas de gel Orbeez! Está padre para decorar un escritorio o un estante. También puedes aplanar tu slime, cortar un trozo y amasarlo para hacer una obra de arte. Déjalo secar durante 3 días, cuélgalo en la pared ¡y tendrás tu cuadro personalizado! Guarda tu Slime de Orbeez en un tarro de cristal transparente para poder contemplar las bolitas de colores que parece que están flotando.

¡Está padrísimo!

SLIME DE CRISTAL GELATINOSO

Si nunca has visto un slime que parece lleno de cristales, ¡ya iba siendo hora!

LO QUE NECESITAS

- 4 oz. de pegamento de PVA o pegamento blanco escolar con purpurina o diamantina

- 4 oz. de agua (para el pegamento)

- ½ cdta. de bicarbonato de sodio

- 4-5 cdtas. de solución para lentes de contacto

- 5 tazas de agua (para el pañal)

- 1 pañal que no sea de tela

- Tijeras

- Un recipiente mediano o grande para mezclar

- Utensilio para mezclar (cuchara, espátula de silicona o palitos de madera)

ASÍ SE HACE
PRIMERA PARTE: El slime

1 Echa 4 oz. de pegamento blanco escolar en el recipiente para mezclar.

2 Añade 4 oz. de agua a la masa y mézclalo con el utensilio.

3 Añade ½ cdta. de bicarbonato de sodio y mézclalo.

4 Añade la solución para lentes de contacto en cucharitas, una por una, pero no más de 4-5 en total. Mézclalo hasta que la masa no esté pegajosa.

5 Amasa con las manos para conseguir una consistencia elástica y que no se pegue.

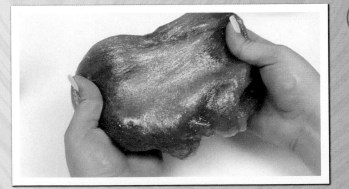

6 Sabrás que el slime está listo cuando esté blandito y elástico, pero no se pegue a tus manos.

1 Vierte 5 tazas de agua en el pañal. Esto lo llenará hasta su máxima capacidad.

2 Usa las tijeras para cortar el pañal y abrirlo. Hay que cortar en la parte interior del pañal y se verán unos cristales gelatinosos llenos de agua.

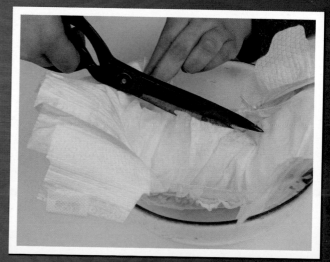

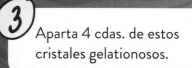
3 Aparta 4 cdas. de estos cristales gelationosos.

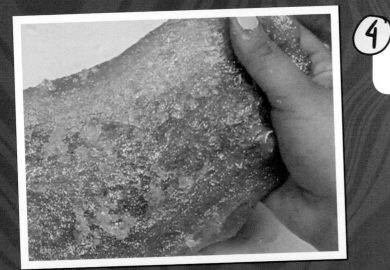

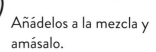
4 Añádelos a la mezcla y amásalo.

¡FIESTA DEL SLIME!

Pegamento con diamantina + cristales que parecen gemas =
¡un slime tan brillante y reluciente que vas a querer enseñar
a todos tus amigos!

¡OYE! ¿POR QUÉ NO HACER UNA FIESTA CON SLIME?

SLIME DE ORO LÍQUIDO

Es brillante, es hipnotizante... ¡es Slime de oro líquido! ¡Amo tanto este slime de la realeza que tenia que compartirlo!

LO QUE NECESITAS

- 3 ½ oz. pegamento de PVA transparente

- 2 cdas. de pintura acrílica metalizada dorada

- ½ cdta. de bicarbonato de sodio

- 4-5 cdtas. de solución para lentes de contacto

- Un recipiente pequeño o mediano para mezclar

- Utensilio para mezclar (cuchara, espátula de silicona o palitos de madera)

ASÍ SE HACE

1 Echa 3 ½ oz. de pegamento transparente en el recipiente para mezclar.

2 Añade 2 cdtas. de pintura dorada y mézclalo todo con el utensilio.

3 Añade ½ cdta. de bicarbonato de sodio a la masa y mézclalo hasta que se disuelva.

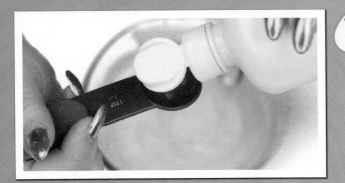

4 Añade la solución para lentes de contacto en cucharitas, una por una, pero no más de 4-5 en total.

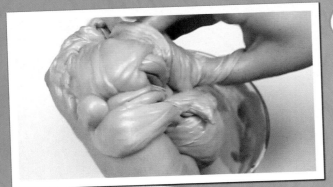

5 Deja el utensilio a un lado y amasa el slime con las manos hasta que tenga una consistencia que no sea pegajosa.

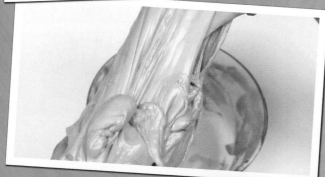

¡VE MÁS LEJOS!

Puede que ya tengas suficientes brillitos con este trozo de oro viscoso, pero si todavía quieres ser más creativo, puedes hacer esto:

1. Moldea tu slime en formas planas y déjalo secar durante 3 días.

2. Cuando se haya secado y esté sólido, añade pegamento blanco escolar en la parte de atrás.

¡AHORA TIENES UNAS PEGATINAS DORADAS PERSONALIZADAS EN 3D PARA COMPARTIR CON TUS AMIGOS!

SLIME DE PLÁSTICO DE BURBUJAS

Como el plástico de burbujas, el Slime de plástico de burbujas tiene el poder de convertir a cualquiera en una habitación (incluyendo a los más mayores y más maduros) en un niño. ¿Quién puede resistirse a hacer *POP*?

LO QUE NECESITAS

- 4 oz. de pegamento de PVA transparente

- 3 oz. de agua

- ½ cdta. de bicarbonato de sodio

- 4-5 cdtas. de solución para lentes de contacto

- 1 taza de gemas de cristal para peceras*

- Un recipiente pequeño o mediano para mezclar

- Utensilio para mezclar (cuchara, espátula de silicona o palitos de madera)

* Son piedritas pequeñas, redondas y planas de plástico duro que se encuentran en la mayoría de tiendas de manualidades y de decoración. Pueden ser de cualquier forma, pero recuerda no usar las gelatinosas.

ASÍ SE HACE

1 Echa 4 oz. de pegamento transparente en el recipiente para mezclar.

2 Añade 3 oz. de agua a la masa y mézclalo con el utensilio.

3 Añade ½ cdta. de bicarbonato de sodio y mézclalo hasta que se disuelva.

4 Añade la solución para lentes de contacto en cucharitas, una por una, pero no más de 4-5 en total.

5 Deja el utensilio a un lado y amasa el slime con las manos. Estará listo cuando sea espeso y elástico. No pasa nada si está pegajoso, así será más fácil que se peguen las gemas.

6 Añade 1 taza de gemas de cristal a la masa y amásalo. Cuantas más gemas añadas, menos pegajoso será tu slime.

¡RETUERCE, ESTRUJA Y EXPLOTA!

Retuerce y estruja tu Slime de plástico de burbujas para disfrutar del *¡POP!* ¡No podrás parar de hacer *POP*! A lo mejor vuelves loco a alguien... o puede que les inspires para que hagan su propio Slime de plástico de burbujas.

SLIME GOMOSO DE FRUTA

Este slime* no es simplemente elástico. ¡También sabe rico! ¡Claro que puedes comer el Slime gomoso de fruta! Puedes elegir tu sabor favorito o crear una mezcla de sabores.

LO QUE NECESITAS

- 6 tazas de agua

- ½ taza de caramelos Starburst sin envoltorio

- 1 taza de azúcar en polvo

- 1 cdta. de aceite para cocinar

- Una cacerola pequeña o mediana

- 1 recipiente de cristal adecuado para poner al fuego

- Cocina o estufa

- 1 espátula de silicona

- Manoplas para horno (para esto también necesitas la supervisión de un adulto)

- Un trozo de papel de horno de 14-pulgadas

*Esta receta es un poco más complicada que el resto de las que hay en el libro y necesitarás que te ayude un adulto.

1 Pon el agua en la olla hasta que tenga 2 pulgadas de profundidad.

2 Añade ½ taza de Starbursts sin envoltorio en el recipiente adecuado para poner al fuego.

3 Coloca el recipiente adecuado para poner al fuego con los Starbursts en la olla con agua y luego pon la olla en la estufa o cocina.*

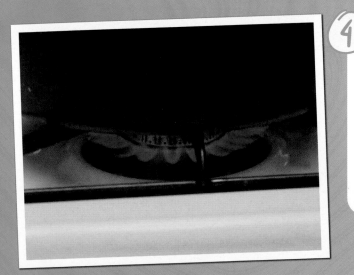

4 Enciende el fuego y ponlo a temperatura media-baja y NO LO DEJES SIN SUPERVISIÓN. Remueve lentamente la mezcla de Starburst y se derretirá en unos pocos minutos.

* Este método se conoce como el baño Maria.

5 Cuando se haya derretido del todo, apaga el fuego y déjalo reposar durante 2 minutos. Solo se enfriará un poco, así que ¡NO LO TOQUES! ¡Estará MUY CALIENTE!

6 Usando tus manoplas para horno, quita el recipiente con la mezcla de Starburst de la olla.

7 En una superficie cercana, coloca el papel de horno de 14 pulgadas. Esparce solo ½ taza de azúcar en polvo en la superficie. (Así no se pegará la mezcla a tu mesa o a tu encimera.)

8 Engrasa tu espátula con aceite para cocinar.

9 Usa la espátula para echar la mezcla de Starburst derretida encima del papel de horno. Aunque estará muy pegajoso, el aceite de la espátula ayudará a que resbale.

10 Deja enfriar la mezcla durante 3 minutos. Después de eso, revísalo cada minuto con la espátula. Si se estira muy fácilmente es que todavía está muy caliente y necesita enfriarse durante otros 2 minutos aproximadamente. Sabrás que la mezcla está lista cuando claves la espátula y se sienta rígida y espesa.

11 Añade lentamente la ½ taza de azúcar en polvo que te queda e incorpóralo a la masa con la espátula. Si se vuelve demasiado rígida, vuelve al método del baño maría (paso 3) durante 1 minuto ¡y se ablandará rápidamente! Luego déjalo enfriar de nuevo durante 1-3 minutos.

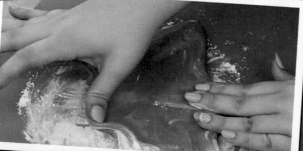

12 Cuando hayas añadido e azúcar y la mezcla se haya enfriado, ¡es hora de usar las manos! Empieza a amasar hasta que tu Slime gomoso de fruta ya no se te pegue a las manos.

¡LA DIVERSIÓN AÚN NO HA ACABADO!

Ahora, tienes dos opciones: puedes jugar con tu slime o puedes comértelo. ¡Yo digo que hagas las dos cosas! El Slime gomoso de fruta está padre para fiestas de cumpleaños. Puedes dejar que cada uno elija su propio sabor de Starburst (o de ositos de goma, corazoncitos de goma o cualquier otro dulce que prefieras). Se me ocurrió este slime porque no me gustó el sabor de otro slime comestible que hice. Mi objetivo era hacer un slime dulce y delicioso con el que fuera divertido jugar.

Ahora ya sé cómo hacerlo, ¡y tú también!

SLIME FOSFORESCENTE

¡Una forma de convertir un slime aburrido en uno padrísimo!

LO QUE NECESITAS

- 4 oz. de pegamento de PVA transparente

- 1 cdta. de polvo fosforescente*

- ½ cdta. de bicarbonato de sodio

- 4-5 cdtas. de solución para lentes de contacto

- Un recipiente pequeño o mediano para mezclar

- Utensilio para mezclar (cuchara, espátula de silicona o palitos de madera)

* Solo lo he encontrado en internet. No uses barras o pulseras de neón, ¡pueden tener ingredientes tóxicos!

ASÍ SE HACE

1 Añade 4 oz. de pegamento transparente al recipiente para mezclar.

2 Añade 1 cdta. de polvo fosforescente a la masa y mézclalo con tu utensilio.

3 Añade ½ cdta. de bicarbonato de sodio y mézclalo hasta que se disuelva.

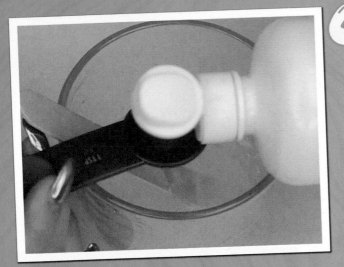

4 Añade la solución para lentes de contacto en cucharitas, una por una, pero no más de 4-5 en total.

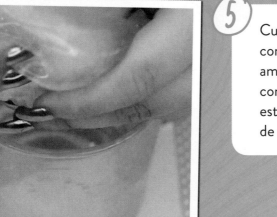

5 Cuando el slime se haya convertido en una masa amorfa, empieza a amasar con las manos. El slime estará listo cuando deje de estar pegajoso.

ASÍ SE USA

¡Apaga las luces para ver el efecto de tu Slime fosforescente! Es un slime muy divertido para usar en una pijamada, en Halloween y en cualquier otra actividad que se haga en la oscuridad. ¡Pon el slime en un recipiente transparente y tendrás una luz casera por la noche!

SLIME ESPONJOSO

Imagina una nube grande y esponjosa en tu sala de estar, ¡hecha de slime! Tienes que probar esta receta de Slime esponjoso, ¡es de mis favoritas! Es un slime ligero, denso y es muy divertido jugar con él.

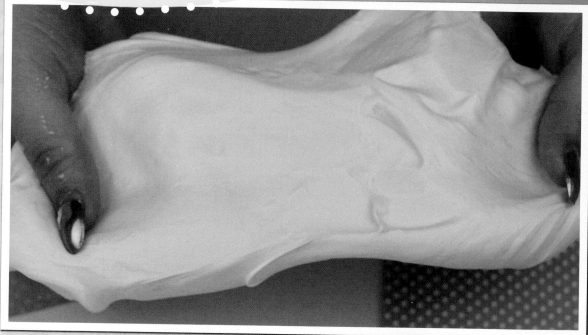

LO QUE NECESITAS

- 4 oz. de pegamento de PVA o pegamento blanco escolar

- 1 ½ taza de espuma de afeitar

- Colorante alimentario: opcional

- 8 cdtas. de solución para lentes de contacto

- Un recipiente pequeño o mediano para mezclar

- Utensilio para mezclar (cuchara, espátula de silicona o palitos de madera)

ASÍ SE HACE

1 Echa 4 oz. de pegamento blanco escolar en el recipiente para mezclar.

2 Añade 1 ½ taza de espuma de afeitar a la masa y mézclalo con el utensilio.

3 Opcional: Añade 8 gotas de colorante alimentario. (Se necesitan más gotas que en otras recetas para compensar por la espuma de afeitar, que tiende a suavizar el color.)

4 Añade lentamente 1 cdta. de solución para lentes de contacto mientras mezclas. Sigue añadiéndola con las 7 cdtas. restantes. (Si añades la solución para lentes de contacto demasiado deprisa, corres el riesgo de arruinar el slime y tener que empezar otra vez.)

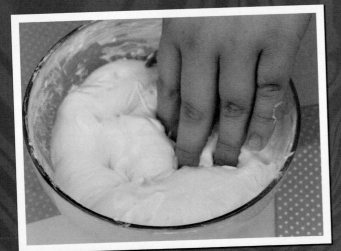

5 Amasa el slime con las manos. ¡Estará listo cuando el slime se sienta manejable en las manos sin pegarse a tu piel!

¡EL TIEMPO CAMBIA EL SLIME!

¿Cómo se convierte un Slime esponjoso en un Slime iceberg? Déjalo reposar sin cubrirlo durante 3 dias. Así se endurecerá la capa superior. Aprieta el slime y la superficie empezará a agrietarse... ¡como un iceberg!

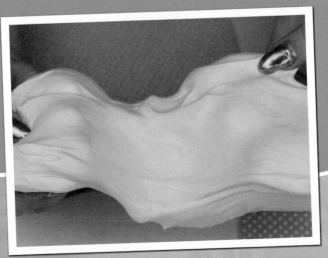

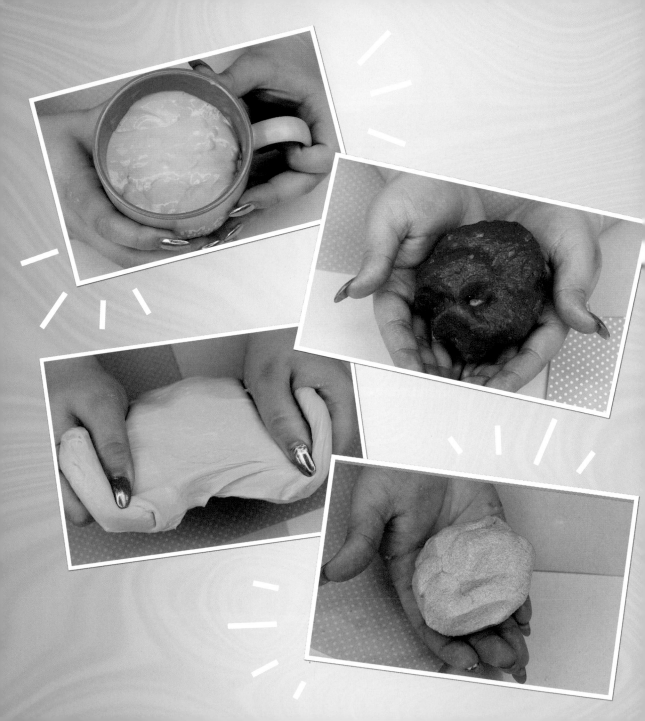

¡LOS NUEVOS SLIMES DE KARINA!

SLIME DE CAFÉ

No importa si bebes café o no, este slime huele a café... ¡un olor delicioso! Inhalar esta fragancia me relaja. Solo tienes que recordar ¡que NO se puede beber!

LO QUE NECESITAS

- 1 oz. de agua

- 1 cda. de café instantáneo

- 4 oz. de pegamento de PVA o pegamento blanco escolar

- 1 cdta. de bicarbonato de sodio mezclado con 5 cdas. de solución para lentes de contacto

- Un recipiente pequeño o mediano para mezclar

- Utensilio para mezclar (cuchara, espátula de silicona o palitos de madera)

- 1 taza o vaso para presentarlo (opcional)

ASÍ SE HACE

1 Mezcla 1 oz. de agua con 1 cda. de café instantáneo en el recipiente con el utensilio.

2 Añade 4 oz. de pegamento blanco escolar a la masa.

3

Empieza a añadir lentamente el bicarbonato de sodio y la solución para lentes de contacto a la mezcla. (Si lo haces todo a la vez, puede que no funcione y que tengas que empezar otra vez.)

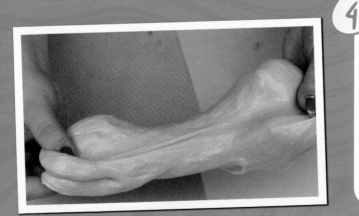

4

Después de añadir el bicarbonato y la solución para lentes de contacto, empieza a amasar la mezcla con las manos. Cuando deje de estar pegajoso ¡tu Slime de café estará listo!

¡SE HUELE, PERO NO SE COME!

El Slime de café huele rico, pero no se puede comer ni beber. Puedes ponerlo en una taza para engañar a tus amigos, pero asegúrate de que no intenten beberlo. Lo que hace que este slime esté padrísimo es su OLOR.

SLIME ULTRAESPESO ANTIADHERENTE

Si no te gustan las cosas pegajosas, esta receta es para ti. Parece una goma de mascar, pero sin ser pegajoso y sin brillo.

LO QUE NECESITAS

- 4 oz. de pegamento de PVA o pegamento blanco escolar

- Colorante alimentario: opcional

- ¼ taza de talco para bebés

- ½ taza de espuma de afeitar

- 1 cda. de crema de manos

- Un recipiente destapado

- 1 cdta. de bicarbonato de sodio mezclado con 5 cdas. de solución para lentes de contacto

- Un recipiente mediano para mezclar

- Utensilio para mezclar (cuchara, espátula de silicona o palitos de madera)

ASÍ SE HACE

1 Añade 4 oz. de pegamento blanco escolar al recipiente para mezclar.

2 Opcional: Si quieres darle color, añade 8 gotas de colorante a la masa y mézclalo con el utensilio.

3 Añade ¼ taza de talco a la mezcla y remueve hasta que se vuelva esponjoso.

4 Añade ½ taza de espuma de afeitar a la masa.

5 Añade 1 cda. de crema de manos y remuévelo todo junto. Esto hará que el slime sea elástico.

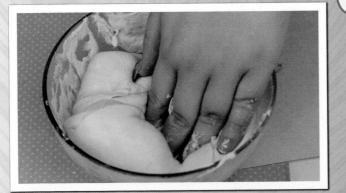

6 Añade el bicarbonato de sodio y la solución para lentes de contacto poco a poco a la mezcla hasta que el slime deje de ser pegajoso. Después, amásalo con las manos hasta que tenga una consistencia más espesa.

7

El slime tendría que estar espeso, pero no tanto como debiera. Déjalo reposar en un recipiente sin cubrir durante 24 horas.

8

Después de un día completo, tu Slime ultraespeso antiadherente se sentirá como una masilla. La parte de arriba estará más rígida que el resto, pero se suavizará si lo amasas.

¿QUIÉN LO IBA A DECIR?

Este slime antiadherente es ultraespeso y tiene una consistencia parecida a la masilla o goma rebote. No podrás

SLIME PICANTE DE QUESO

Soy muy fan de los *Flamin' Hot Cheetos*, así que inventarme la receta del Slime picante de queso es una de las mejores cosas que he hecho... ¡aunque no sea comestible!

LO QUE NECESITAS

- 4 oz. de pegamento de PVA transparente

- ½ cdta. de pintura acrílica roja

- ½ cdta. de bicarbonato de sodio

- 3 cdtas. de solución para lentes de contacto

- 1 taza de *Flamin' Hot Cheetos*

- 1 bolsa de plástico de cierre hermético (de cualquier tamaño)

- Un recipiente pequeño o mediano para mezclar

- Utensilio para mezclar (cuchara, espátula de silicona o palitos de madera)

ASÍ SE HACE

1 Añade 4 oz. de pegamento transparente al recipiente para mezclar.

2 Añade ½ cdta. de pintura acrílica a la masa y remuévelo con el utensilio.

3 Mezcla ½ cdta. de bicarbonato de sodio en la mezcla.

4 Añade 3 cdta. de solución para lentes de contacto, pero una por una, y mézclalo hasta que consigas un slime pegajoso.

5 Pon 1 taza de *Flamin' Hot Cheetos* en una bolsa de plástico hermética, ciérrala y aplástalos con las manos hasta conseguir trocitos pequeños.

6 Echa los trocitos de *Flamin' Hot Cheetos* al slime y amásalo con las manos.

¡HAZ TU PROPIO SLIME DE PAPAS!

Tu Slime picante de queso olerá tan rico que tengo que recordarte otra vez que no te lo comas. Aunque es muy divertido jugar con él, sobre todo porque los aceites de los *Flamin' Hot Cheetos* hacen que el slime sea supersuave y elástico.

El Slime picante de queso es un buen regalo, igual que otros slimes que puedes hacer sustituyendo los *Cheetos* por otras papas en la receta. Una buena forma de conservar tu slime de *Flamin' Hot Cheetos* (o de otras papas) es guardarlo en un recipiente de velas vacío.

SLIME DE ARENA KINÉTICA

¡Este slime es único! El Slime de arena Kinética se estira como un slime pero se moldea como la arena Kinética, que es una arena que con las mismas propiedades de la arena mojada y se usa para esculpir y para jugar en casa.

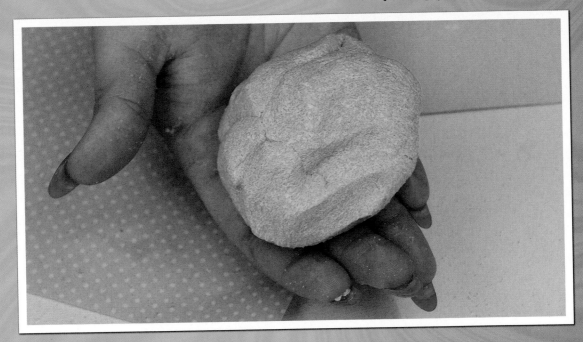

LO QUE NECESITAS

- 2 oz. de pegamento de PVA o pegamento blanco escolar

- Colorante alimentario: opcional

- 5 cdas. de arena*

- ½ cdta. de bicarbonato de sodio mezclado con 2-3 cdas. de solución para lentes de contacto

- Un recipiente pequeño o mediano para mezclar

- Utensilio para mezclar (cuchara, espátula de silicona o palitos de madera)

* Puedes comprar arena en cualquier tienda de manualidades o puedes usar arena real de la playa o de un parque.

ASÍ SE HACE

1 Echa 2 oz. de pegamento blanco escolar en el recipiente para mezclar.

2 Opcional: añade 3 gotas de colorante alimentario con el utensilio para darle color al slime.

3 Añade 5 cdas. de arena (de una en una) a la masa y mézclalo. Después de añadir la arena, deberías tener un pegamento arenoso muy espeso.

4 Empieza a añadir lentamente el bicarbonato de sodio y la solución para lentes de contacto. (Puede que te sobre.)

5 Cuando el slime se haya convertido en una masa amorfa, deja de añadir el bicarbonato de sodio y la solución para lentes de contacto y empieza a amasar con las manos. El slime estará listo cuando deje de estar pegajoso y se sienta como una masa antiadherente.

CUANDO CALIENTA EL SOL, AQUÍ EN LA PLAYA

La próxima vez que vayas a la playa, lleva a casa un poco de arena y crea tu exclusiva Slime de arena kinética!

¿SABÍAS QUE...?

DATOS CURIOSOS SOBRE KARINA

- Nací en Orange, en Orange County, que forma parte de Los Ángeles, California.

- Tengo una hermana gemela llamada Mayra que también tiene un canal de YouTube. Hace videos de belleza y su canal es mayratouchofglam.

- Tengo tres hermanos y dos hermanas.

- A principios de 2015 vivía en una casa móvil de tres habitaciones ¡con mis padres y mis cinco hermanos! ¡Imagina a 8 personas viviendo en 3 habitaciones! En septiembre de 2015 me mudé a un departamento con mi hermana gemela y en abril de 2016 alquilé una casa para mis padres, cuatro de mis hermanos y yo. Más recientemente pude comprar una casa en un terreno con otras dos propiedades adjuntas para que mi familia pudiera compartir. Pero esa no es la única forma en la que mi empresa de internet nos ha cambiado la vida. ¡También ha permitido que mis padres se jubilen! Ahora les doy una asignación cada mes y ya no tienen que pagar rentas ni facturas. ¡Mi padre no extraña trabajar largas horas en la construcción!

- Cuando niña era muy tímida, hasta el punto de llorar cada vez que estaba en una situación incómoda. Fui así de tímida hasta que cumplí los 12 años.

- Mi novio ha sido el cámara de todos mis videos desde el principio.

- Mi primer video de slime fue el Flubber de jabón que hice cuando tenía 21 años. Lo subí el 12 de agosto de 2015.

- Me lleva al menos dos días montar un video. Estoy como dos horas planeando, cuatro horas grabando, seis horas editando ¡y alguna hora más haciendo miniaturas!

- He tenido al menos cinco videos que no salieron bien y nunca subí.

- Voy a muchos eventos de YouTube y cuando vuelvo a mi habitación del hotel me pongo a llorar, no porque esté triste, sino porque estoy contenta y agradecida de tener tantos seguidores asombrosos.

- Al contrario de lo que piensa la gente, no tengo una colección de slime en mi casa. Lo que hago lo regalo y cuando me apetece jugar con slime me hago uno nuevo. También regalo otros DIY que hago, como bolígrafos líquidos.

- Mi cumpleaños es el 8 de febrero.

- Mis subscriptores me dicen mucho que están nerviosos por conocerme. ¡Lo chistoso es que yo estoy igual de nerviosa por conocerlos! (¡Tal vez más que ellos!)

- Empecé a grabar mis videos en mi antiguo dormitorio, ¡que era un caos! No solo un caos, ¡un desastre en gran escala! La única parte limpia era el poquito que se mostraba en el video. Sin embargo, en mi nueva casa tengo mi propio cuarto para grabar.

- En casi todos mis videos llevo los pantalones de pijama. Pensé que, si mis espectadores solo pueden verme por arriba, ¡mejor que estuviera cómoda!

¡Hey, girl, hey!

¡Sígueme en mis redes sociales para estar informado de todo lo que pasa en mi mundo!

YouTube: /TheKarinaBear

Instagram: @karinagarc1a

Twitter: @Karinaa__Bear

Libros en inglés por Karina Garcia: